Anne Scheller

Bibel-Comics für die Grundschule

Bibelgeschichten anschaulich, verständlich und leicht erfassbar – mit passenden Aufgaben

Auer

Wir haben uns für die Schreibweise mit dem Sternchen entschieden, damit sich Frauen, Männer und alle Menschen, die sich anders bezeichnen, gleichermaßen angesprochen fühlen. Aus Gründen der besseren Lesbarkeit für die Schüler*innen verwenden wir in den Kopiervorlagen das generische Maskulinum. Bitte beachten Sie jedoch, dass wir in Fremdtexten anderer Rechtegeber*innen die Schreibweise der Originaltexte belassen mussten.

1. Auflage 2024

Autorin: Anne Scheller
Covergestaltung: annette forsch konzeption und design, Berlin
Coverillustration: Kristina Klotz
Illustrationen: Kristina Klotz
Satz: Fotosatz H. Buck, Kumhausen
Druck und Bindung: Druckerei Joh. Walch GmbH & Co. KG
ISBN 978-3-403-**08913**-1

www.auer-verlag.de

Inhalt

Vorwort

Liebe Lehrkräfte!

Viele Kinder lieben Comics. Sie sind eine motivierende Textsorte. Die Bilder sind lebendig und witzig und ziehen die Kinder schnell in die Geschichte hinein. Comics bilden eine eigene, gleichberechtigte Erzählebene, sodass der zu lesende Text einer geringen Umfang haben kann. Daher sind Comics besonders für leseschwächere Schüler*innen geeignet!

Comics sind also eine großartige Möglichkeit, die schönsten Geschichten aus der Bibel kennenzulernen. In diesem Heft werden 16 Bibeltexte als Comic nacherzählt, sieben aus dem Alten und neun aus dem Neuen Testament. Neben der Einfachheit der Erzählung liegt der Fokus darauf, die Bedeutung der Geschichten (wie Gott ist und was er sich für uns Menschen wünscht) klarzumachen. Zu jedem Comic gibt es auf ein bis zwei Arbeitsblättern leichte Aufgaben zur inhaltlichen Erarbeitung und Festigung.

So sieht der Aufbau des Bandes auf:
Unter der Überschrift **Arbeit mit Comics im Fach Religion** wird anhand von Beispielen erläutert, wie man Comics richtig liest und versteht. Des Weiteren finden Sie dort zahlreiche Ideen genannt, wie die Kinder mit den Bibel-Comics kreativ umgehen können, um sich den Geschichten noch mehr zu nähern.

- Im Kapitel **Bibel-Comics Stufe 1** (gekennzeichnet mit einem Stern ☆) finden Sie acht sehr einfache und kurze Comics mit einfachen Aufgaben sowie den zugehörigen Lösungen (Individuelle Lösungen der Kinder bewerten Sie am besten in Ihrem Ermessen.).
- Im Kapitel **Bibel-Comics Stufe 2** (gekennzeichnet mit zwei Sternen ☆☆) finden Sie acht längere und komplexere Comics mit etwas anspruchsvolleren Aufgaben sowie passenden Lösungen (Individuelle Lösungen der Kinder bewerten Sie am besten in Ihrem Ermessen.).

Im digitalen Zusatzmaterial finden Sie die Bibel-Comic-Blätter auch in Farbe.

Viel Spaß mit den *Bibel-Comics in der Grundschule* wünscht

Anne Scheller

Einführung – Comics im Fach Religion

Comics richtig lesen

Um Comics richtig zu lesen und zu verstehen, muss man wissen, wie sie aufgebaut sind. Natürlich kennen die meisten Kinder Comics und finden sich instinktiv zurecht. Doch damit wirklich alle Aspekte einer Geschichte aufgenommen werden können, sollte man sich einmal grundsätzlich mit der Textsorte beschäftigen. Zeigen Sie dafür den Kindern auf der interaktiven Tafel oder einem ähnlichen Medium einen Comic und weisen Sie auf die folgenden Aspekte hin. Hinter dem Symbol → finden sich Aufgaben für das Unterrichtsgespräch.

- Kästen und Blasen:
  Comics enthalten wenig Text. Er steht in Kästen und Blasen.[1]

Erklärung

Sprechen

Flüstern

Denken

Geräusch

→ Im Comic die grafischen Formen finden und zuordnen

- Leserichtung:
  Man liest Comics von oben nach unten und gleichzeitig von links nach rechts. Das gilt sowohl für die ganzen Comic-Bilder auf einer Seite als auch für die Elemente innerhalb eines Comic-Bildes.

  → Im Beispiel-Comic die Lesereihenfolge der Comic-Bilder zeigen

  → Im Beispiel-Comic die Lesereihenfolge der Textbausteine innerhalb eines Bildes zeigen

1 So ist es im vorliegenden Heft. In anderen Comics, das werden Ihnen die Kinder sagen, stehen vor allem Geräuschwörter auch frei im Bild.

- Comic-Bild:
  Das Bild erzählt einen Teil der Geschichte, der nicht im Text steht. Man erfährt zum Beispiel etwas über die beteiligten Personen und ihre Gefühle, über das Wetter, den Ort, die Tageszeit oder eine Nebenhandlung.

  → Im Beispiel-Comic erzählende Elemente des Bildes zeigen

- Zwischen den Bildern:
  Auch zwischen den einzelnen Comic-Bildern kann ein Teil der Geschichte ablaufen. Es vergeht unter Umständen Zeit und die Personen oder ihre Situation verändern sich.

→ Im Beispiel-Comic den Verlauf zwischen zwei Comic-Bildern beschreiben

Mit den Bibel-Comics arbeiten

Mithilfe der Bibel-Comics in diesem Heft sollten die Kinder die schönsten und bekanntesten Bibelgeschichten kennenlernen. Die Textsorte Comic wurde gewählt, da sie eine für Kinder motivierende Textsorte ist. Der wenige Text ist auch für leseschwächere Kinder zu bewältigen. Die Kinder sollen also zunächst einmal nur den Comic lesen.

Die Arbeitsblätter zu den Comics dienen dazu, den Inhalt der Geschichte auf ganz basalem Niveau aufzuarbeiten. Aufgaben sind zum Beispiel, ein Bild aus- und weiterzumalen, ein fehlendes Bild zu malen, ein überzähliges Bild zu identifizieren sowie Überschriften oder beschreibende Sätze zu finden.

Des Weiteren können die Kinder mit den Comics so arbeiten:

- Comic-Bilder ausmalen,
- eine Sprechblase für eine Person im Comic, die noch keine Sprechblase hat, zeichnen und ausfüllen,
- eine Denkblase für eine Person im Comic, die noch keine Denkblase hat, zeichnen und ausfüllen,
- ein Bild malen, das die Handlung zwischen zwei Comic-Bildern darstellt,
- einen kurzen Text schreiben, der die Handlung zwischen zwei Comic-Bildern darstellt,
- Comic-Bilder ausschneiden und als Buch zusammenheften,
- Comic-Bilder ausschneiden und auf ein Plakat kleben,
- einen eigenen Comic zeichnen, entweder zu einer bereits gelesenen oder zu einer weiteren Bibelgeschichte,
- sich selbst als Comic-Figur in ein Bild hineinmalen und mit Sprech- oder Denkblasen versehen.

Es gibt weitere Möglichkeiten. Lassen Sie die Kinder kreativ werden!

Name: Datum: Comic

Gott macht unsere Welt

Zuerst.
Ich bin Gott. Es gibt nichts.
Und dann.
Ich mache etwas! Das ist die Erde.
Ich mache noch mehr: die Natur...
Und zuletzt.
... und die Menschen.
Alles ist sehr gut! Jetzt mache ich Pause.

Name: Datum: Arbeitsblatt

Gott macht unsere Welt

Was hat Gott alles gemacht?
Male das Bild weiter.

Name: Datum: Comic

Noahs Arche

Was machst du da?
Gott hat gesagt; Ich soll eine Arche bauen, ein riesiges Schiff.
Eine Woche später.
Kommt herein! Gott hat gesagt: ein Paar von jeder Tierart.
Es regnet und regnet ...
Roarrr!
Piep, piep!
Miau!
Wieher!
Ein Jahr später.
Gott hat uns gerettet.
Danke, lieber Gott!
Bitte. Ich passe auf euch auf.

Name: ______ Datum: ______ Arbeitsblatt

Noahs Arche

Was fehlt?
Male das fehlende Bild.

Was machst du da?
Gott hat gesagt; Ich soll eine Arche bauen, ein riesiges Schiff.

Eine Woche später.
Kommt herein! Gott hat gesagt: ein Paar von jeder Tierart.

Ein Jahr später.
Gott hat uns gerettet.
Danke, lieber Gott!
Bitte. Ich passe auf euch auf.

Name: ______ Datum: ______ Comic

Mose wird gerettet (1)

Viele Menschen aus Israel leben in Ägypten. Sie müssen sehr hart arbeiten.
Ächz!
Uff!
Es sind zu viele Israeliten! Ich bin der Pharao, der König von Ägypten. Ich muss etwas tun.
Dann...
Besucht alle Israeliten mit Babys! Mädchen dürfen leben. Jungs werden getötet...
Jawohl!

Mose wird gerettet (2)

Bald am Fluss Nil.
Mein kleiner Junge, dir soll nichts geschehen.
Glucks...
Später.
Nanu! Ein Baby?
Ein Junge aus Israel, oh Tochter des Pharao!
Wir nehmen ihn mit. Heimlich! Mein Vater darf nichts erfahren.
Ich nenne ihn ... Mose!

Name: Datum: Arbeitsblatt

Mose wird gerettet

~~falsch~~

Welches Bild ist falsch?
Streiche es durch.

Wir nehmen ihn mit. Heimlich! Mein Vater darf nichts erfahren.
Ich nenne ihn ... Mose!

Uff!
Es sind zu viele Israeliten! Ich bin der Pharao, der König von Ägypten. Ich muss etwas tun.

Später.
Nanu! Ein Baby?
Ein Junge aus Israel, oh Tochter des Pharao!

Dann...
Besucht alle Israeliten mit Babys! Mädchen dürfen leben. Jungs werden getötet...
Jawohl!

Gott sei mit dir.
Ha, ha!
Tick! Du bist.

Viele Menschen aus Israel leben in Ägypten. Sie müssen sehr hart arbeiten.
Ächz!

Bald am Fluss Nil.
Mein kleiner Junge, dir soll nichts geschehen.
Glucks...

Name: Datum: Comic

Jona und der Wal (1)

Gott spricht mit Jona.
Geh nach Ninive! Die Menschen sind böse. Sie sollen gut werden! Sonst vernichte ich die Stadt.
Och, nö.... Ich suche mir ein Schiff und fahre weit weg.
Aber...
Hilfe! Wir gehen unter!
Ich bin schuld an dem Sturm. Ich habe nicht auf Gott gehört.
Wuuuusch!
Werft mich ins Wasser. Dann werdet ihr es schaffen.

Name: Datum: Comic

Jona und der Wal (2)

Gleich darauf.
Aaah! Kalt! Hilfe!
Schmeckt das?
Im Bauch des Wals.
Gerettet! Danke, Gott!
Geh nach Ninive, Jona...
Ich gehe, lieber Gott. Versprochen!
Nee, schmeckt nicht. Bäh!

Name: ______ Datum: ______ Arbeitsblatt

Jona und der Wal

Was passiert wann?
Schreibe 1, 2, 3, 4, 5, 6 in die Kreise.

◯

Gott spricht mit Jona.
Geh nach Ninive! Die Menschen sind böse. Sie sollen gut werden! Sonst vernichte ich die Stadt.
Och, nö.... Ich suche mir ein Schiff und fahre weit weg.

◯

Geh nach Ninive, Jona...
Ich gehe, lieber Gott. Versprochen!
Nee, schmeckt nicht. Bäh!

◯

Werft mich ins Wasser. Dann werdet ihr es schaffen.

◯

Im Bauch des Wals.
Gerettet! Danke, Gott!

◯

Aber...
Hilfe! Wir gehen unter!
Ich bin schuld an dem Sturm. Ich habe nicht auf Gott gehört.
Wuuuusch!

◯

Gleich darauf.
Aaah! Kalt! Hilfe!
Schmeckt das?

Name: Datum: Comic

Jesus wird geboren (1)

Am Ende einer langen Reise.
Uff! Das Kind kommt bald.
Bethlehem
Knall
Kein Zimmer mehr frei! Schlaft doch im Stall.
Wenig später.
Unser kleiner Jesus ...
Er lächelt schon!
Muh.
I-ah!
Mitten in dieser Nacht.
Huuu ...
Wölfe? Löwen? Oh, nein!
Kalt ...
Müde ...
Määäh!
Und da ...
Hilfe!
Fürchtet euch nicht! In Bethlehem ist ein Retter geboren worden. Es ist ein Baby und heißt Jesus.

Jesus wird geboren (2)

Kurz darauf.
Schnell!
Super! Ein Baby soll uns retten!
Ra-bäääh!
Bethlehem
Auch in dieser Nacht.
Määäh!
Seit Wochen folgen wir diesem Stern…
Er bleibt stehen!
Ra-bäääh!
Über einem Stall?
Menschen aus nah und fern, Tiere und Engel: Alle sind nur wegen Jesus gekommen!
Happy birthday, Jesus!

Name: ____________ Datum: ____________ Arbeitsblatt

Jesus wird geboren

Was sagt der Engel zu den Hirten?
Schreibe in deinen Worten.

Jesus und die Kinder

Gott sei mit dir.
Ha, ha!
Tick! Du bist.
Keine Kinder!
Sie sind viel zu laut.
Stopp! Die Kinder bleiben.
Gott hat Kinder besonders lieb.
Echt jetzt?
Viel später.
Alle Menschen sollen wie Kinder sein.
Ha, ha!
Tick! Du bist.

Name: Datum: Arbeitsblatt

Jesus und die Kinder

Was passt?
Verbinde die Überschriften mit den Bildern.

Gott sei mit dir.
Ha, ha!
Tick! Du bist.

Jesus und die Kinder

Keine Kinder!
Sie sind viel zu laut.

Menschen bei Jesus

Stopp! Die Kinder bleiben.
Gott hat Kinder besonders lieb.
Echt jetzt?

Stopp!

Viel später.
Alle Menschen sollen wie Kinder sein.
Ha, ha!
Tick! Du bist.

ärgerliche Jünger

Jesus beruhigt den Sturm

Jesus und seine Jünger sind unterwegs.
Gäääähn
Ich mache mal ein kurzes Schläfchen.
Jesus und seine Jünger sind unterwegs.
Huiii!
Wir werden ertrinken!
Jesus, hilf uns!
Chrrr...
Wuuusch!
Jesus wacht auf.
Ganz ruhig, Wellen!
Huuii...
Sei still, Sturm!
Wuuusch...
Kurz darauf.
Warum hattet ihr Angst? Ich bin doch bei euch.
Wahnsinn! Er ist so mächtig!
Oooh...
Aaah...

Name: Datum: Arbeitsblatt

Jesus beruhigt den Sturm

Was passiert wann?
Schreibe 1, 2, 3, 4 in die Kreise.

Jesus und seine Jünger sind unterwegs.
Gäääähn
Ich mache mal ein kurzes Schläfchen.

Kurz darauf.
Warum hattet ihr Angst? Ich bin doch bei euch.
Wahnsinn! Er ist so mächtig!
Oooh...
Aaah...

Jesus wacht auf.
Ganz ruhig, Wellen!
Huuii...
Sei still, Sturm!
Plopp-plopp
Wuuusch...

Jedoch...
Huiii!
Nein, wir werden ertrinken!
Jesus, hilf uns!
Plopp-plopp
Wuuusch!

Name: Datum: Comic

Das verlorene Schaf

Jesus erzählt eine Geschichte.
Moment mal. Da fehlt doch ein Schaf!
Mäh?
Ich muss mein Schaf finden. Die anderen kommen auch ohne mich klar.
Mäh!
Mä-määäh!
Meck.
Da bist du ja. Juhuuu!
Määäh!
Zurück bei Jesus.
Genauso ist es im Himmel. Wenn jemand zurückkommt, der verloren war, freut sich Gott wie verrückt!

Name: ______ Datum: ______ Arbeitsblatt

Das verlorene Schaf

Was passt?
Verbinde die Sätze mit den Bildern.

Jesus erzählt eine Geschichte.
Moment mal. Da fehlt doch ein Schaf!
Mäh?

Der Hirte sucht das Schaf.

Ich muss mein Schaf finden. Die anderen kommen auch ohne mich klar.
Mäh!
Meck.
Mä-määäh!

Genauso freut sich Gott, wenn er einen Menschen findet.

Da bist du ja. Juhuuu!
Määäh!

Ein Schaf ist verschwunden.

Zurück bei Jesus.
Genauso ist es im Himmel. Wenn jemand zurückkommt, der verloren war, freut sich Gott wie verrückt!

Er freut sich sehr, als er es findet.

Mose wird gerettet

falsch Welches Bild ist falsch?
Streiche es durch.

Wir nehmen ihn mit. Heimlich! Mein Vater darf nichts erfahren.
Ich nenne ihn ... Mose!
Uff!
Es sind zu viele Israeliten! Ich bin der Pharao, der König von Ägypten. Ich muss etwas tun.
Später.
Nanu! Ein Baby?
Ein Junge aus Israel, oh Tochter des Pharao!
Dann...
Besucht alle Israeliten mit Babys! Mädchen dürfen leben. Jungs werden getötet...
Jawohl!
Gott sei mit dir.
Tick! Du bist.
Viele Menschen aus Israel leben in Ägypten. Sie müssen sehr hart arbeiten.
Ächz!
Bald am Fluss Nil.
Mein kleiner Junge, dir soll nichts geschehen.
Glucks...

Jona und der Wal

Was passiert wann?
Schreibe 1, 2, 3, 4, 5, 6 in die Kreise.

1
Gott spricht mit Jona.
Geh nach Ninive! Die Menschen sind böse. Sie sollen gut werden! Sonst vernichte ich die Stadt.
Och, nö.... Ich suche mir ein Schiff und fahre weit weg.
6
Geh nach Ninive, Jona...
Ich gehe, lieber Gott. Versprochen!
Nee, schmeckt nicht. Bäh!
3
Werft mich ins Wasser. Dann werdet ihr es schaffen.
5
Im Bauch des Wals.
Gerettet! Danke, Gott!
2
Aber...
Hilfe! Wir gehen unter!
Ich bin schuld an dem Sturm. Ich habe nicht auf Gott gehört.
Wuuuusch!
4
Gleich darauf.
Aaah! Kalt! Hilfe!
Schmeckt das?

Lösungen

Jesus und die Kinder

Was passt?
Verbinde die Überschriften mit den Bildern.

Gott sei mit dir.
Ha, ha!
Tick! Du bist.
Keine Kinder!
Sie sind viel zu laut.
Stopp! Die Kinder bleiben.
Gott hat Kinder besonders lieb.
Echt jetzt?
Viel später.
Alle Menschen sollen wie Kinder sein.
Ha, ha!
Tick! Du bist.

- Jesus und die Kinder
- Menschen bei Jesus
- Stopp!
- ärgerliche Jünger

Das verlorene Schaf

Was passt?
Verbinde die Sätze mit den Bildern.

Jesus erzählt eine Geschichte.
Moment mal. Da fehlt doch ein Schaf!
Mäh?
Ich muss mein Schaf finden. Die anderen kommen auch ohne mich klar.
Mäh!
Mä-määäh!
Meck
Da bist du ja. Juhuuu!
Määäh!
Zurück bei Jesus.
Genauso ist es im Himmel. Wenn jemand zurückkommt, der verloren war, freut sich Gott wie verrückt!

- Der Hirte sucht das Schaf.
- Genauso freut sich Gott, wenn er einen Menschen findet.
- Ein Schaf ist verschwunden.
- Er freut sich sehr, als er es findet.

Jesus beruhigt den Sturm

1 (links oben), 2 (rechts unten), 3 (links unten, 4 (rechts oben)

Adam und Eva (1)

Im Paradies.
Ich habe das alles gemacht. Aber irgendetwas fehlt ...
Ich mache noch einen Mann ...
Ich bin Adam.
Dies ist dein Zuhause, Adam. Du darfst überall hingehen. Du darfst alles essen, bloß nicht von diesem Baum.

Name: Datum: Comic

Adam und Eva (2)

Viel später.
Es ist toll im Paradies! Ich kann spielen, so viel ich will...
Ich kann baden und plantschen...
Und ich kann mir den Bauch vollschlagen, wann immer ich mag.
Nur... ich bin so allein!

Name: Datum: Comic

Adam und Eva (3)

Adam ist einsam! Das ist nicht gut. Ich werde ihm viele Freunde machen.
Gleich darauf.
Summ..
Piep?
Wihie!
Tiere sind super! Aber ich wünsche mir eine **richtige** Freundin.
Und da...
Die ist ja toll!
Hallo, ich bin Eva.

Name: ____________ Datum: ____________ Comic

Adam und Eva (4)

Viel später...
Von diesem Baum dürfen wir nicht essen. Gott hat es verboten.
Hey, hast du Hunger? Hier wächst etwas Gutes!
Schnarch!
Na, komm, nur probieren! Die Früchte machen klug...
Mampf.
Schmatz.
Wow! Adam, das musst du probieren!
EVAAAA! AAADAM!
Geht fort! Im Paradies könnt ihr nun nicht mehr bleiben.
Schade...
Seufz!

Name: Datum: Arbeitsblatt

Adam und Eva (1)

Gott macht Tiere als Freunde für Adam.
Wie findet Adam das?
Schreibe in die Sprechblase.

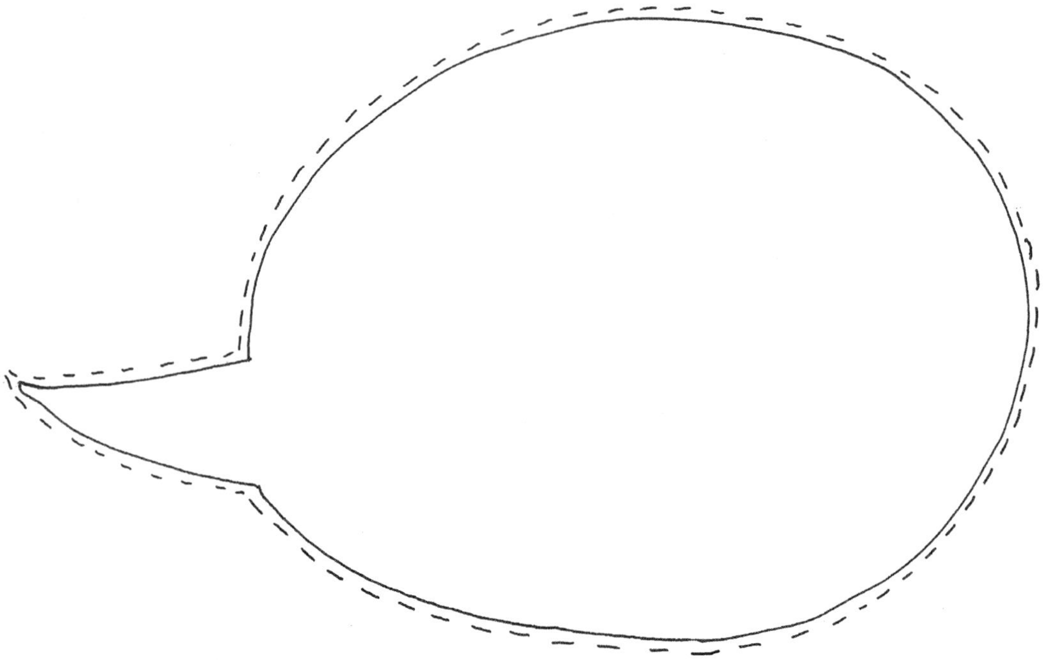

Schneide Adam und die Sprechblase aus.
Klebe beide in das große Bild.

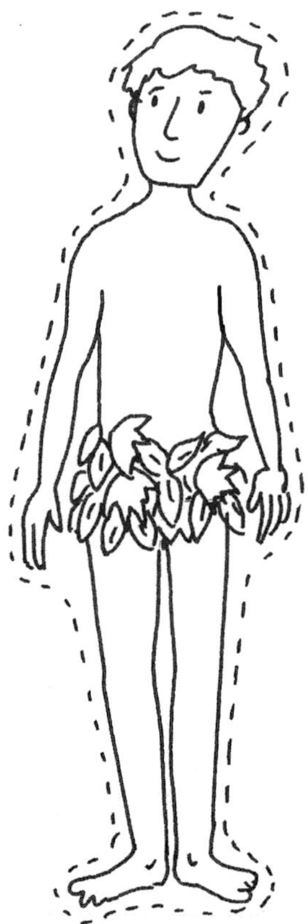

Name: Datum: Arbeitsblatt

Adam und Eva (2)

Male viele Tiere und mache das Bild bunt.

Name: Datum: Comic

Josef und seine Brüder (1)

Im Land Israel.
Hallo Vater!
Josef, mein Liebling! Ich habe ein Geschenk für dich.
Mäh.
Määäh!
Danke, Vater! Jetzt sehe ich viel besser aus als meine großen Brüder!
Der Angeber! Dabei ist Josef der Jüngste von uns.
Wir müssen ihn loswerden.
Ja, genau.
Ein paar Tage später.
Wir haben ihn!
ZACK!
Hilfe!
Knuff
Ha!

Name: Datum: Comic

Josef und seine Brüder (2)

Kurz darauf.
Das könnt ihr doch nicht machen!
Er kommt als Sklave nach Ägypten. Vater sagen wir, dass Josef tot ist.
Was geschieht nur mit mir? Lieber Gott, sei bei mir! Lass mich nicht allein.
Viele Jahre später in Ägypten.
Du bist mein bester Sklave, Josef. Du sollst der oberste Verwalter meines Hauses sein.
Danke, Herr Potifar!
Noch viele Jahre später.
Ich habe schlimme Träume. Potifar sagt, dass du Träume verstehst. Was bedeuten meine Träume?
Danke, Herr Pharao!

Name: Datum: Comic

Josef und seine Brüder (3)

Das war mein Traum. Was bedeutet er nur?
Die sieben fetten Kühe sind sieben gute Jahre. In dieser Zeit wird es allen in Ägypten gutgehen. Die sieben mageren Kühe sind sieben Jahre mit schlechten Ernten. Alle in Ägypten werden Hunger leiden.
Oh, nein! Was sollen wir tun?
Ihr müsst in den sieben guten Jahren Vorräte anlegen – für die sieben schlechten Jahre.
Eine wunderbare Idee! Und du, Josef, wirst dich um alles kümmern.
Her mit den Vorräten! Wir brauchen genug Korn für die schlechten Jahre!
Ein Paradies für Mäuse!

Name: ____________ Datum: ____________ Comic

Josef und seine Brüder (4)

Einige Jahre später.
Überall herrscht Hungersnot.
Hoffentlich bekommen wir hier etwas. Sonst müssen wir verhungern.
Oh, Gott, es ist Josef. Bestimmt hasst er uns und gibt uns nichts zu essen.
Oh, Gott, es sind meine Brüder. Sie waren gemein zu mir, aber sie sind meine Familie.
Und dann ...
Brüder, liebe Brüder!
Josef, lieber Josef!
Es tut uns alles so schrecklich leid!
Gott hat mich behütet. Er hat mich hierher geschickt, damit ich euch helfen kann. Alles ist gut.

Name: Datum: Arbeitsblatt

Josef und seine Brüder (1)

Am Anfang der Geschichte hat Josef Angst.
Was genau macht ihm Angst? Und wie tröstet er sich?
Schreibe in deinen Worten.

Name: ______ Datum: ______ Arbeitsblatt

Josef und seine Brüder (2)

Der Pharao beschreibt seinen Traum.
Was erzählt er genau? Schreibe in deinen Worten.

Name: Datum: Comic

David und Goliath (1)

Wir sind die Philister! Grrr!
Und wir sind die Israeliten! Gaaah!
Ich bin Goliath, der beste Kämpfer der Philister!
Einer soll gegen mich kämpfen. Wenn er gewinnt, werden wir eure Sklaven. Wenn **ich** gewinne, werdet ihr unsere Sklaven! Har, har!
Nein, danke.
Nie im Leben!
Gegen den?
Och, nö.

Name: _______________ Datum: _______________ Comic

David und Goliath (2)

Etwas später.
Ich bin David. Meine Brüder kämpfen für die Israeliten. Ich bringe ihnen Essen.
... Pst ... Goliath... psst... alleine kämpfen... psst... wer?
Ich kämpfe gegen Goliath!
Ha-ha-ha!
Ho-ho-ho!
Hi-hi-hi!
Menno! Nur weil ich klein bin, denken alle, ich kann das nicht.
Da kommt König Saul.
Du kannst mein Schild und mein Schwert für den Kampf haben.
Das ist doch viel zu schwer ...

Name: Datum: Comic

David und Goliath (3)

Jedoch ...
Danke, mein König! Deine Waffen nützen mir nichts.
Ich nehme lieber Steine.
Kurz darauf...
Der Kleine... gegen **mich**...? Haha, das ist ja wohl ein Witz!
Na, warte!
Sieg!
Geschafft!
David hat Goliath besiegt!
Danke, David! Du hast uns gerettet. Du warst wirklich sehr tapfer, obwohl du ganz allein warst.
Ich war nicht allein. Gott war mit mir.

Name: ________ Datum: ________ Arbeitsblatt

David und Goliath (1)

Was passiert wann?
Schreibe 1 bis 12 in die Kreise. Einige Zahlen stehen schon da.

1

Wir sind die Philister! Grrr!
Und wir sind die Israeliten! Gaaah!

Nein, danke.
Nie im Leben!
Gegen den?
Och, nö.

Einer soll gegen mich kämpfen. Wenn er gewinnt, werden wir eure Sklaven. Wenn **ich** gewinne, werdet ihr unsere Sklaven!
Har, har!

Etwas später.
Ich bin David. Meine Brüder kämpfen für die Israeliten. Ich bringe ihnen Essen.

Ich bin Goliath, der beste Kämpfer der Philister!

6

... Pst ... Goliath ... psst ... alleine kämpfen ... psst ... wer?
Ich kämpfe gegen Goliath!

Name: Datum: Arbeitsblatt

David und Goliath (2)

7

Ha-ha-ha!
Ho-ho-ho!
Hi-hi-hi!
Menno! Nur weil ich klein bin, denken alle, ich kann das nicht.

Kurz darauf…
Der Kleine… gegen **mich**…? Haha, das ist ja wohl ein Witz!
Na, warte!

Da kommt König Saul.
Du kannst mein Schild und mein Schwert für den Kampf haben.
Das ist doch viel zu schwer…

Sieg!
Geschafft!
David hat Goliath besiegt!

Jedoch…
Danke, mein König! Deine Waffen nützen mir nichts.
Ich nehme lieber Steine.

12

Danke, David! Du hast uns gerettet. Du warst wirklich sehr tapfer, obwohl du ganz allein warst.
Ich war nicht allein. Gott war mit mir.

Name: Datum: Comic

Der barmherzige Samariter (1)

Jesus spricht mit den Menschen.
Wie bekomme ich das ewige Leben, Jesus?
Ihr müsst euren Nächsten lieben wie euch selbst.
?
Wenn das so einfach wäre...
Wer ist mein Nächster? Sind damit alle Menschen gemeint oder nur meine Freunde und meine Familie?
Hört gut zu! Ich erzähle euch eine Geschichte...

Der barmherzige Samariter (2)

Es war einmal ein Mann, der war ganz alleine unterwegs.
Har, har, da kommt einer.
Bei drei stürzen wir uns auf ihn: eins,.. zwei.. DREI!
Der Mann wurde überfallen und schwer verletzt.
Schnell weg!
Fette Beute, das lohnt sich.
Ein Priester kam vorbei, aber er tat nichts.
Füt, füt, füüüt!
Hil...fe
Ein Tempeldiener kam vorbei, aber er tat nichts.
Hust, hust.
Hallooo?

Name: Datum: Comic

Der barmherzige Samariter (3)

Ein Mann aus Samarien kam vorbei. Samariter und Juden waren Feinde. Und trotzdem hielt er an.
Oh, weh!
Ich... Räuber
I-ah!
Aua...au...
Ganz ruhig. Gleich wird es besser.
Das wird dir gut tun.
Aaaah...
Ich bringe dich in ein Gasthaus.
Danke...

Name: Datum: Comic

Der barmherzige Samariter (4)

Iss! Ich habe alles bezahlt.
Lecker...
Kümmert euch gut um den Mann! Ich bezahle dafür.
Gasthaus
Alles klar.

Die Geschichte ist zu Ende.
Versteht ihr? ALLE Menschen sind eure Nächsten. Ihr seid EINE Familie, die Familie Gottes. Kümmert euch umeinander, so wie sich der Samariter um den Verletzten gekümmert hat. Dann ist Gott glücklich - und ihr auch.

Name: Datum: Arbeitsblatt

Der barmherzige Samariter (1)

Was passiert in der Geschichte, die Jesus erzählt?
Schreibe einen Satz zu jedem Bild.

Es war einmal ein Mann, der war ganz alleine unterwegs.
Har, har, da kommt einer.
Bei drei stürzen wir uns auf ihn: eins, .. zwei .. DREI!

Ein Mann ist alleine unterwegs und ...

Der Mann wurde überfallen und schwer verletzt.
Schnell weg!
Fette Beute, das lohnt sich.

Ein Priester kam vorbei, aber er tat nichts.
Füt, füt, füüüt!
Hil...fe

Ein Tempeldiener kam vorbei, aber er tat nichts.
Hust, hust.
Hallooo?

Ein Mann aus Samarien kam vorbei. Samariter und Juden waren Feinde. Und trotzdem hielt er an.
Oh, weh!
Ich... Räuber
I-ah!

Name: _______________ Datum: _______________ Arbeitsblatt ☆☆

Der barmherzige Samariter (2)

Aua...au...
Ganz ruhig. Gleich wird es besser.

____

____

Das wird dir gut tun.
Aaaah...

____

____

Ich bringe dich in ein Gasthaus.
Danke...

____

____

Iss! Ich habe alles bezahlt.
Lecker...

____

____

Kümmert euch gut um den Mann! Ich bezahle dafür.
Gasthaus
Alles klar.

Der Samariter bezahlt den Wirt, damit ...

____

Name: Datum: Comic

Ein Gelähmter wird geheilt (1)

Tirili!
Ach, diese schlimme Krankheit... Ich kann nicht mehr laufen! Aber Gott steht mir immer bei.
Kurz darauf.
Hast du es schon gehört? Jesus ist in der Nähe. Alle dürfen zu ihm kommen!
Ich muss zu ihm!
Wenig später.
Danke, dass ihr mich zu Jesus bringt!
Wie er wohl aussieht?
Uff!
Jedoch...
So viele Menschen wollen zu Jesus?
Da kommen wir niemals rein...

Name: Datum: Comic

Ein Gelähmter wird geheilt (2)

Ist schon okay. Bringt mich einfach wieder nach Hause.
Auf gar keinen Fall! Wir finden einen Weg.
Ich habe eine Idee. Wir müssen da rauf.
Nur noch ein kleines Stück.
Keuch!
Uff!
Achz!
Und jetzt?
Piep?
Wie kommen wir zu Jesus?
?
Da lang.

Name: Datum: Comic

Ein Gelähmter wird geheilt (3)

Im Haus.
Selig sind die ... huch!
Was ist denn hier los?
Das kann er nicht, oder?
Oh, Herr, bitte mache mich gesund!
Steh auf, nimm dein Bett und geh nach Hause.
Gehen... Ich soll gehen?
Kurz darauf.
Ich kann wieder laufen! Gott sei Lob und Dank. Ich kann wieder laufen!
Sein Glaube hat ihn geheilt.

Name: ____________ Datum: ________ Arbeitsblatt

Ein Gelähmter wird geheilt

Bastele ein Buch:

1. Streiche Kleber auf ein Blatt Papier.

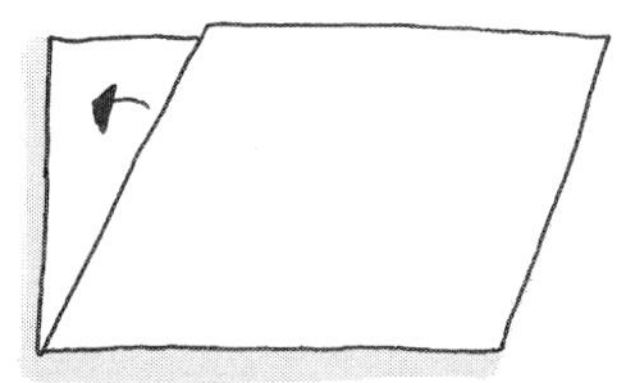

2. Falte das Blatt zur Hälfte.

3. Falte das Blatt noch einmal zur Hälfte.

4. Nimm noch zwei Blätter Papier.
   Klebe und falte genauso.

5. Loche die drei Teile an der linken Seite.
   Binde sie mit Schnur zusammen.

Jetzt hast du ein Buch!

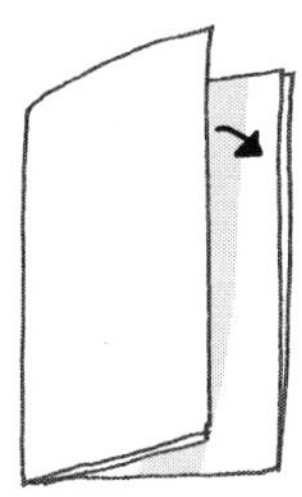

6. Schreibe die Überschrift des Comics
   oben auf Seite 1.

7. Schneide die Comic-Bilder aus.
   Klebe sie in das Buch.

Ein Gelähmter
wird geheilt.

Dein Buch ist fertig!

Name: _______________ Datum: _______________ Comic

Der verlorene Sohn (1)

Jesus erzählt eine Geschichte.
Ich bin froh, dass ich euch habe, meine Söhne! Wir arbeiten gut zusammen.
Wie kann ich helfen, Vater?
Immer nur arbeiten, arbeiten, arbeiten...
Muh!
Du, Vater?
Kannst du mir mein Erbe geben? Das bekomme ich doch sowieso eines Tages.
Wenn du willst. Ich teile alles zwischen dir und deinem Bruder.
Ein paar Tage später.
Tschü-üüüs!
Auf Wiedersehen!
Auf Wiedersehen? Ich komme nicht zurück. Ich werde es mir richtig gutgehen lassen.
Klimper.

Name: Datum: Comic

Der verlorene Sohn (2)

Wochen später.
Wirt, bring noch mehr Essen! Ich zahle!
Was für ein tolles Leben! Viel besser als zu Hause.
Klimper.
Super!
Wow!
Danke!
Wieder Wochen später.
Wirt, bring etwas Billiges!
Aber ich zahle nur für mich.
Klim...
Für uns auch!
Noch ein paar Wochen später.
Wirt, bring... gar nichts...
Mist, mein Geld ist alle.
Noch ein paar Wochen später.
Hast du etwas zu Essen für mich? Ich hab aber kein Geld.
Ich brauche Arbeit.
Knurr.
Selbst für Geld könnte ich dir nichts geben. Hungersnot!

Der verlorene Sohn (3)

Am nächsten Tag.
Schweinehirte! Ausgerechnet Schweinehirte! Aber der Job ist besser als nichts.
Grunz.
Wühl.
Hunger! Aber ich darf noch nicht mal das Schweinefutter essen!
Rumpel
Zuhause haben sogar die Schweine-hirten genug zu essen! Ich will nach Hause!
Schluchz!
Ich gehe nach Hause. Ich werde als Knecht für meinen Vater arbeiten. Hauptsache, ich verhungere nicht!
Tapp, tapp-tapp...

Der verlorene Sohn (4)

Ein paar Tage später.
Gleich bin ich da. Ich werde sagen: Vater, ich bin es nicht mehr wert, dein Sohn zu sein. Mache mich zu einem deiner Arbeiter.
Klapper!
Jedoch …
Mein SOHN! Oh, mein lieber Sohn!
W-was? F-freut er sich etwa?
Du bist wieder da! Das muss gefeiert werden.
?
Oh, Vater …
Dein Ernst? Er verschwendet das Geld und du feierst trotzdem ein Fest für ihn?
Ja! Du bist immer bei mir und darfst alles haben, was ich besitze. Aber dein Bruder war verloren und ist wieder da. Was für ein Glück!
Wann geht das Fest los? Ich sterbe vor Hunger!

Name: Datum: Arbeitsblatt

Der verlorene Sohn

Welche Überschrift passt?
Schreibe eine Überschrift für jede Comic-Seite.

Ein Sohn verlässt

Jesus erzählt eine Geschichte.
Ich bin froh, dass ich euch habe, meine Söhne! Wir arbeiten gut zusammen.
Immer nur arbeiten, arbeiten, arbeiten...
Wie kann ich helfen, Vater?
Muh!
Du, Vater?
Kannst du mir mein Erbe geben? Das bekomme ich doch sowieso eines Tages.
Wenn du willst. Ich teile alles zwischen dir und deinem Bruder.
Ein paar Tage später.
Auf Wiedersehen!
Tschü-üüüs!
Auf Wiedersehen? Ich komme nicht zurück. Ich werde es mir richtig gutgehen lassen.
Klimper.

Wochen später.
Super!
Danke!
Wow!
Wirt, bring noch mehr Essen! Ich zahle!
Was für ein tolles Leben! Viel besser als zu Hause.
Klimper.
Wieder Wochen später.
Wirt, bring etwas Billiges!
Für uns auch!
Aber ich zahle nur für mich.
Klim...
Noch ein paar Wochen später.
Wirt, bring... gar nichts...
Mist, mein Geld ist alle.
Noch ein paar Wochen später.
Hast du etwas zu Essen für mich? Ich hab aber kein Geld.
Selbst für Geld könnte ich dir nichts geben. Hungersnot!
Ich brauche Arbeit.
Knurr.

Am nächsten Tag.
Schweinehirte! Ausgerechnet Schweinehirte! Aber der Job ist besser als nichts.
Grunz.
Wühl.
Hunger! Aber ich darf noch nicht mal das Schweinefutter essen!
Rumpel
Zuhause haben sogar die Schweinehirten genug zu essen! Ich will nach Hause!
Schluchz!
Ich gehe nach Hause. Ich werde als Knecht für meinen Vater arbeiten. Hauptsache, ich verhungere nicht!
Tapp, tapp-tapp...

Ein paar Tage später.
Gleich bin ich da. Ich werde sagen: Vater, ich bin es nicht mehr wert, dein Sohn zu sein. Mache mich zu einem deiner Arbeiter.
Klapper!
Jedoch...
Mein SOHN! Oh, mein lieber Sohn!
W-was? F-freut er sich etwa?
Du bist wieder da! Das muss gefeiert werden.
?
Oh, Vater...
Dein Ernst? Er verschwendet das Geld und du feierst trotzdem ein Fest für ihn?
Ja! Du bist immer bei mir und darfst alles haben, was ich besitze. Aber dein Bruder war verloren und ist wieder da. Was für ein Glück!
Wann geht das Fest los? Ich sterbe vor Hunger!

Anne Scheller: Bibel-Comics für die Grundschule
© Auer Verlag

Name: Datum: Comic

Wie Menschen glücklich werden (1)

Viele Menschen hören Jesus zu.
Erzähle uns etwas!
Sag uns, wie wir glücklich werden können.
Leise.
Hört doch zu!
Pssst!
So können alle Menschen glücklich werden...
Oooh.
Aaah.
Ich bin so gespannt!
Ihr findet Glück, wenn ihr arm seid. Die ganze Welt gehört euch.
Ihr findet Glück, wenn ihr traurig seid. Gott wird euch trösten.

Name: ____________ Datum: ____________ Comic

Wie Menschen glücklich werden (2)

Ihr findet Glück, wenn ihr freundlich seid. Dann werdet ihr auch Freundlichkeit erfahren.

Knurr
Rumpel
Ihr findet Glück, wenn ihr hungrig und durstig seid. Gott wird euch versorgen.

Ihr findet Glück, wenn ihr euch um andere kümmert. Dann wird Gott sich um euch kümmern.

Ihr findet Glück, wenn ihr ehrlich seid. Dann werdet ihr Gott näher kommen.

Name: ______ Datum: ______ Comic

Wie Menschen glücklich werden (3)

Ihr findet Glück, wenn ihr euch für Frieden einsetzt. Dann wird Gott euch Frieden schenken.
Lasst alle Menschen euer Glück spüren. Dann seid ihr ein helles Licht für die ganze Welt.
Wenn du mit einem Menschen Streit hast, dann sprich mit ihm oder ihr. Vertragt euch.
Liebt alle Menschen, auch die, die ihr nicht mögt. Dann wird die ganze Welt voller Liebe sein und ihr selbst werdet Liebe bekommen.

Name: ____________________ Datum: __________ Arbeitsblatt

Wie Menschen glücklich werden (1)

falsch

Welche drei Bilder sind falsch?
Streiche sie durch.

Viele Menschen hören Jesus zu.
Erzähle uns etwas!
Sag uns, wie wir glücklich werden können.
Pssst!
Leise.
Hört doch zu!

Ihr findet Glück, wenn ihr euch für Frieden einsetzt. Dann wird Gott euch Frieden schenken.

Ihr findet Glück, wenn ihr freundlich seid. Dann werdet ihr auch Freundlichkeit erfahren.

Lasst alle Menschen euer Glück spüren. Dann seid ihr ein helles Licht für die ganze Welt.

Ihr findet Glück, wenn ihr traurig seid. Gott wird euch trösten.

Im Land Israel.
Hallo Vater!
Josef, mein Liebling! Ich habe ein Geschenk für dich.
Mäh.
Määäh!

Wenn du mit einem Menschen Streit hast, dann sprich mit ihm oder ihr. Vertragt euch.

Ein paar Tage später.
Auf Wiedersehen!
Tschü-üüüs!
Auf Wiedersehen? Ich komme nicht zurück. Ich werde es mir richtig gutgehen lassen.
Klimper.

Name: Datum: Arbeitsblatt

Wie Menschen glücklich werden (2)

Knurr
Rumpel
Ihr findet Glück, wenn ihr hungrig und durstig seid. Gott wird euch versorgen.
So können alle Menschen glücklich werden...
Oooh.
Aaah.
Ich bin so gespannt!
Ihr findet Glück, wenn ihr euch um andere kümmert. Dann wird Gott sich um euch kümmern.
Ihr findet Glück, wenn ihr arm seid. Die ganze Welt gehört euch.
Die Geschichte ist zu Ende.
Versteht ihr? ALLE Menschen sind eure Nächsten. Ihr seid EINE Familie, die Familie Gottes. Kümmert euch umeinander, so wie sich der Samariter um den Verletzten gekümmert hat. Dann ist Gott glücklich - und ihr auch.
Liebt alle Menschen, auch die, die ihr nicht mögt. Dann wird die ganze Welt voller Liebe sein und ihr selbst werdet Liebe bekommen.
Ihr findet Glück, wenn ihr ehrlich seid. Dann werdet ihr Gott näher kommen.

Name: Datum: Comic

Jesus stirbt und wird wieder lebendig (1)

Ein Abend in Jerusalem.
Schön, dass ihr da seid, Freunde! Lasst uns ein Fest feiern!
Es ist das letzte Mal ...
Danke, Vater im Himmel, für dieses Brot. Es ist wie mein Körper.
Danke, Vater im Himmel, für diesen Wein. Er ist wie mein Blut.
Wenn ihr in Zukunft esst und trinkt, dann denkt an mich. Denkt auch an Gottes Traum, dass alle Menschen glücklich werden.
Bald werde ich nämlich nicht mehr bei euch sein ...

Name: Datum: Comic

Jesus stirbt und wird wieder lebendig (2)

In derselben Nacht.
Mein Vater, im Himmel, bleibe bei mir!
Ich habe Angst.
Und da ...
Bist du Jesus? Wir nehmen dich gefangen!
Gähn.
W-was ist los?
Gegen Morgen.
Was hat der Mann getan?
Er sagt, er ist der König der Juden.
Mein Reich ist aber nicht von dieser Welt.

Name: Datum: Comic

Jesus stirbt und wird wieder lebendig (3)

Ich finde nicht, dass er etwas Schlimmes gesagt hat.
Er hat sich zum König gemacht! Er muss weg.
Wenn ihr unbedingt wollt ...
Später an diesem Tag.
Jesus, oh, Jesus!
Oh, nein!
Schluchz.
Schnief.
Jetzt können wir ihn nur noch begraben.
Jesus ist tot ...
Schluchz.
Schnief.

Jesus stirbt und wird wieder lebendig (4)

Zwei Tage später.
Was ist da los?
Warum ist das Grab offen? Wir haben es doch geschlossen!
Wo ist Jesus?
Warum sucht ihr ihn hier, wo nur Tote sind? Jesus ist nicht hier. Er ist auferstanden. Er lebt.
Spinnt ihr?
Leute, hört doch! Jesus lebt!
Er ist auferstanden!
Jesus ist tot. Für immer.
?
Ihr könnt es ruhig glauben. Ich war tot und jetzt lebe ich.
Ich... ich... ich fall um!
Oh, Jesus! Was für ein Wunder!

Name: Datum: Arbeitsblatt

Jesus stirbt und wird wieder lebendig

In jedem Bild fehlt etwas. Was?
Male.

Zwei Tage später.
Was ist da los?
Warum ist das Grab offen? Wir haben es doch geschlossen!
Wo ist Jesus?
Spinnt ihr?
Leute, hört doch! Jesus lebt!
Er ist auferstanden!
Jesus ist tot. Für immer.
?
Ihr könnt es ruhig glauben. Ich war tot und jetzt lebe ich.
Ich ... ich ... ich fall um!
Oh, Jesus! Was für ein Wunder!

David und Goliath (1)

Was passiert wann?
Schreibe 1 bis 12 in die Kreise. Einige Zahlen stehen schon da.

1

Wir sind die Philister! Grrr!
Und wir sind die Israeliten! Gaaah!

4

Nein, danke.
Nie im Leben!
Gegen den?
Och, nö.

3

Einer soll gegen mich kämpfen. Wenn er gewinnt, werden wir eure Sklaven. Wenn ich gewinne, werdet ihr unsere Sklaven! Har, har!

5

Etwas später.
Ich bin David. Meine Brüder kämpfen für die Israeliten. Ich bringe ihnen Essen.

2

Ich bin Goliath, der beste Kämpfer der Philister!

6

... Pst ... Goliath ... psst ... alleine kämpfen ... psst ... wer?
Ich kämpfe gegen Goliath!

David und Goliath (2)

7

Ha-ha-ha!
Ho-ho-ho!
Hi-hi-hi!
Menno! Nur weil ich klein bin, denken alle, ich kann das nicht.

10

Kurz darauf ...
Der Kleine ... gegen mich ...? Haha, das ist ja wohl ein Witz!
Na, warte!

8

Da kommt König Saul.
Du kannst mein Schild und mein Schwert für den Kampf haben.
Das ist doch viel zu schwer ...

11

Sieg!
Geschafft!
David hat Goliath besiegt!

9

Jedoch ...
Danke, mein König! Deine Waffen nützen mir nichts.
Ich nehme lieber Steine.

12

Danke, David! Du hast uns gerettet. Du warst wirklich sehr tapfer, obwohl du ganz allein warst.
Ich war nicht allein. Gott war mit mir.

Lösungen

Wie Menschen glücklich werden (1)

~~falsch~~ Welche drei Bilder sind falsch?
Streiche sie durch.

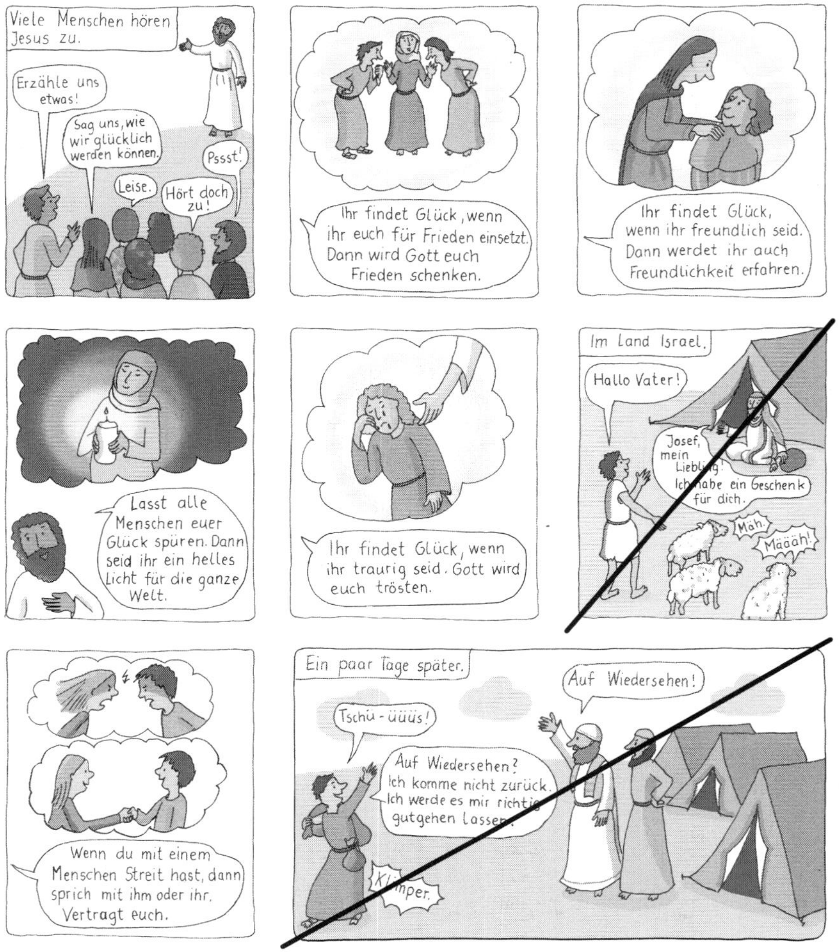
Viele Menschen hören Jesus zu.
Erzähle uns etwas!
Sag uns, wie wir glücklich werden können.
Pssst!
Leise.
Hört doch zu!
Ihr findet Glück, wenn ihr euch für Frieden einsetzt. Dann wird Gott euch Frieden schenken.
Ihr findet Glück, wenn ihr freundlich seid. Dann werdet ihr auch Freundlichkeit erfahren.
Lasst alle Menschen euer Glück spüren. Dann seid ihr ein helles Licht für die ganze Welt.
Ihr findet Glück, wenn ihr traurig seid. Gott wird euch trösten.
Im Land Israel.
Hallo Vater!
Josef, mein Liebling! Ich habe ein Geschenk für dich.
Mäh.
Määäh!
Wenn du mit einem Menschen Streit hast, dann sprich mit ihm oder ihr. Vertragt euch.
Ein paar Tage später.
Tschü-üüüs!
Auf Wiedersehen!
Auf Wiedersehen? Ich komme nicht zurück. Ich werde es mir richtig gutgehen lassen!
Klimper.

Wie Menschen glücklich werden (2)

Knurr
Rumpel
Ihr findet Glück, wenn ihr hungrig und durstig seid. Gott wird euch versorgen.
So können alle Menschen glücklich werden..
Oooh.
Aaah.
Ich bin so gespannt!
Ihr findet Glück, wenn ihr euch um andere kümmert. Dann wird Gott sich um euch kümmern.
Ihr findet Glück, wenn ihr arm seid. Die ganze Welt gehört euch.
Die Geschichte ist zu Ende.
Versteht ihr? ALLE Menschen sind eure Nächsten. Ihr seid EINE Familie, die Familie Gottes. Kümmert euch umeinander, so wie sich der Samariter um den Verletzten gekümmert hat. Dann ist Gott glücklich – und ihr auch.
Liebt alle Menschen, auch die, die ihr nicht mögt. Dann wird die ganze Welt voller Liebe sein und ihr selbst werdet Liebe bekommen.
Ihr findet Glück, wenn ihr ehrlich seid. Dann werdet ihr Gott näher kommen.

Jesus stirbt und wird wieder lebendig

In jedem Bild fehlt etwas. Was?
Male.

Zwei Tage später.
Was ist da los?
Warum ist das Grab offen? Wir haben es doch geschlossen!
Wo ist Jesus?
Warum sucht ihn ihr hier, wo nur Tote sind? Jesus ist nicht hier. Er ist auferstanden. Er lebt.
Spinnt ihr?
Leute, hört doch! Jesus lebt!
Er ist auferstanden!
Jesus ist tot. Für immer.
?
Ihr könnt es ruhig glauben. Ich war tot und jetzt lebe ich.
Ich... ich... ich fall um!
Oh, Jesus! Was für ein Wunder!